ÉTUDE

SUR UN

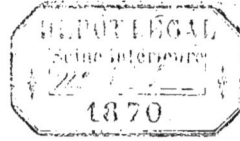

MANUSCRIT

DE LA BIBLIOTHÈQUE PUBLIQUE DE ROUEN,

Par A. CHÉRUEL.

(Extrait de la Revue de la Normandie, *Avril et Mai 1870.)*

ROUEN

IMPRIMERIE DE E. CAGNIARD,

Rues de l'Impératrice, 88, et des Basnage, 5.

1870.

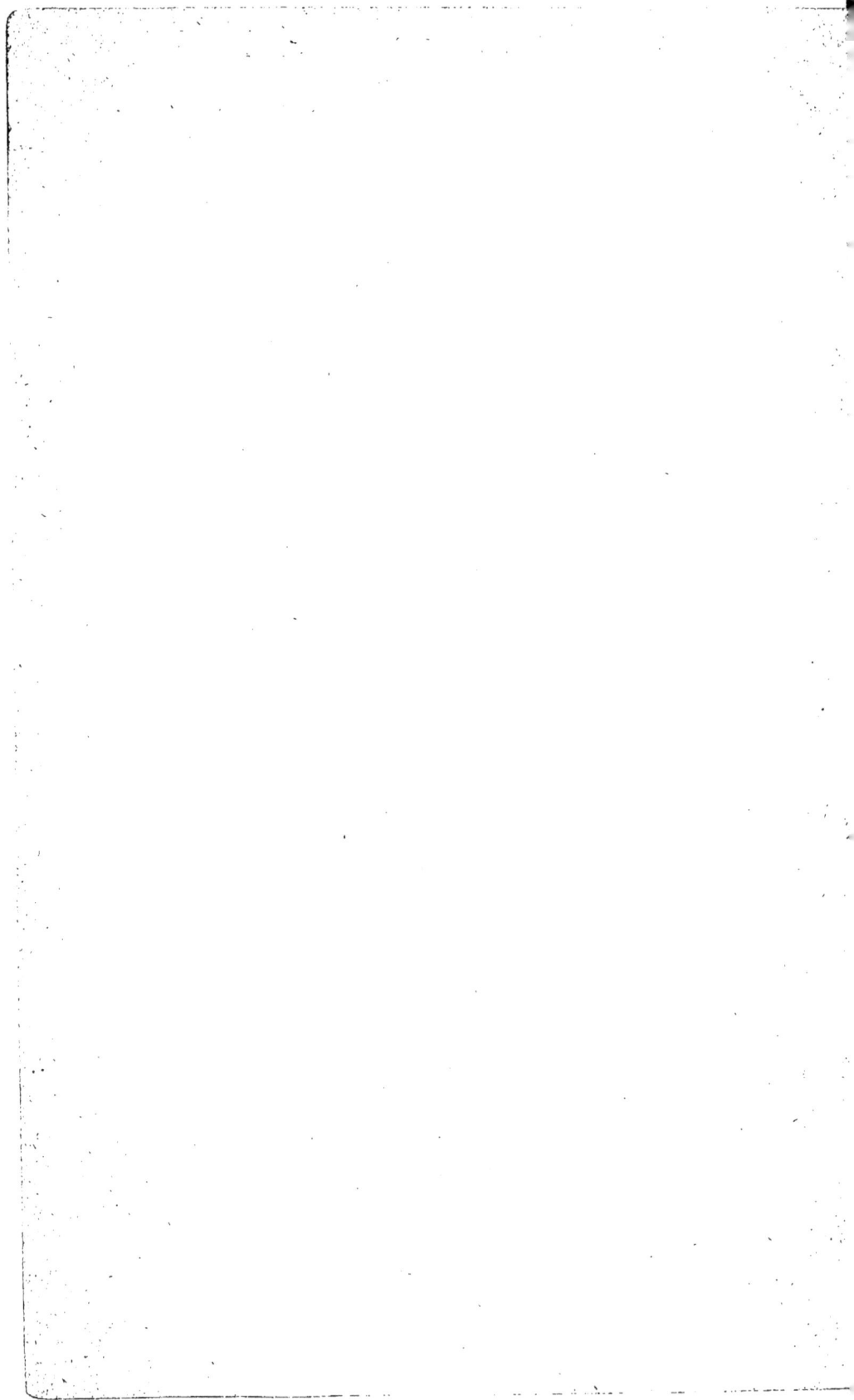

ÉTUDE

SUR UN

MANUSCRIT DE LA BIBLIOTHÈQUE PUBLIQUE DE ROUEN.

———

En faisant des recherches pour l'édition des lettres de Mazarin, que le Comité des travaux historiques a bien voulu me con-
fier, j'ai eu occasion de consulter un manuscrit de la bibliothèque
publique de Rouen, intitulé : *Campagnes du duc d'Enghien en
1643 et 1644*. Cet ouvrage anonyme retrace les faits suivants :
Bataille de Rocroy, siége et prise de Thionville, bataille de Fribourg et prise de Philipsbourg. Ce sont quatre évènements d'une
telle importance qu'on ne doit négliger aucun des documents
qui s'y rattachent et qui peuvent contribuer à les mettre en pleine
lumière.

La victoire de Rocroy déjoua les espérances ambitieuses de
l'Espagne, affermit la régence d'Anne d'Autriche, et ouvrit glo-
rieusement un règne qui devait porter si haut la fortune de la
France. La prise de Thionville eut aussi des conséquences im-
portantes : elle fut suivie de la conquête de Sierck (1) et de la
ligne de la Sarre. Le nord-est de la France eut dès-lors une
frontière assurée. La victoire de Fribourg fut un troisième succès plus brillant encore : elle rejeta au-delà de la Forêt-Noire
les débris de l'armée bavaroise, que l'avantage remporté à Dütlingen (2) avait enorgueillie. Elle fut suivie de conquêtes fort im-

(1) Sierck ou Sirck, ville située sur la Moselle, dans le département du même
nom.
(2) Les Français avaient été surpris et vaincus à Dütlingen ou Tuttlingen
(ville de Souabe, aujourd'hui royaume de Würtemberg), le 24 novembre 1643.

portantes : le duc d'Enghien, fidèle au plan de campagne pro-
posé par le maréchal de Guébriant (1) et par Turenne (2), ne
s'arrêta pas à reprendre Fribourg, que la place forte de Vieux-
Brisach tenait en échec. Il se porta rapidement vers le Palatinat,
s'empara de Philipsbourg, sur la rive droite du Rhin (3), et assura ainsi à la France un poste d'où une armée pouvait, en quelques marches, atteindre et franchir le Necker, se porter sur le
Danube, pénétrer au cœur de la Bavière et menacer l'Autriche.
A la suite de la prise de Philipsbourg, Worms, Oppenheim,
Mayence, Bingen, Creutznach, Landau, Frankendal, Manheim,
tombèrent entre les mains des Français. Ils furent maîtres de tout
le cours du Rhin de Philipsbourg à la forteresse d'Ehrenbreits-
tein (4), et des contrées qui s'étendent entre ce fleuve et la Moselle. La France, dont la frontière était protégée par une formi-
dable ceinture de places fortes, tenait, dans Philipsbourg et
Brisach, les clefs de l'Allemagne. Il serait difficile de trouver, en
un espace de deux années à peine (de mai 1643 à octobre 1644),
des évènements plus importants et d'un intérêt plus national. Il
est superflu de répéter que tous les documents originaux, qui
peuvent contribuer à faire mieux connaître ces glorieuses campagnes, méritent un sérieux examen.

Voilà pourquoi j'ai cru utile d'étudier attentivement le manuscrit dont j'ai parlé plus haut. J'y ai reconnu l'original d'un
ouvrage publié en 1673, par Henri de Bessé, sieur de la Chapelle-Milon (5). Mais le manuscrit diffère profondément du récit

(1) Voy. dans l'*Histoire du maréchal de Guébriant*, par le Laboureur, p. 594-
596, la lettre du maréchal, en date du 20 mars 1643.

(2) *Mém. de Turenne* (édit. Michaud et Poujoulat, p. 364) ; lettre du maréchal, en date du 29 février 1644.

(3) Cette ville est aujourd'hui comprise dans le duché de Bade, à 26 kilomètres
de Heidelberg.

(4) Sur la rive droite du Rhin en face de Coblentz.

(5) La première édition de cet ouvrage a été publiée en 1673 sous ce titre : *Relation de ce qui s'est passé dans les campagnes de Rocroy et de Fribourg*. Une
seconde édition parut, en 1693, dans les *Mémoires pour servir à l'histoire de
M. le Prince*. Enfin, la relation de H. de Bessé a été réimprimée par M. Antoine de la Tour dans le recueil intitulé : *Petits chefs-d'œuvre historiques*. (Paris, Didot, 1846, 2 vol. in-12.)

imprimé. Le style a, dans sa forme un peu traînante, un accent plus vrai, plus ferme et qui sent mieux son xviiᵉ siècle. Les détails historiques sont plus précis, plus circonstanciés, et dénotent un compagnon du duc d'Enghien qui retrace les évènements dont il a été témoin.

Il est nécessaire, pour établir la réalité de ces assertions, d'entrer dans une discussion de textes minutieuse et technique; mais je pense qu'on excusera l'aridité des détails, en songeant qu'il s'agit d'une œuvre réellement importante, et par la nature des évènements qui y sont retracés, et par le caractère du témoin qui dépose devant la postérité.

I.

Je dois d'abord rappeler qu'il existait, au xviiiᵉ siècle, dans la maison de Condé, une tradition qui attribuait à La Moussaye, compagnon d'armes du grand Condé et son aide de camp à Rocroy et à Fribourg, la relation de ces deux batailles. L'Ecossais Ramsay, qui fut attaché comme précepteur à un arrière-neveu de Turenne et qui a écrit l'histoire du maréchal, cite la relation de la bataille de Fribourg, publiée par La Chapelle, comme l'œuvre de La Moussaye (1).

Le témoignage de Desormeaux est encore plus formel : bibliothécaire des Condé et historiographe de la maison de Bourbon, il avait eu à sa disposition, comme il nous l'apprend, dans sa préface de l'*Histoire de Louis de Bourbon*, les archives des Condé : « A la lecture de cette quantité de mémoires qui ont paru sur le règne de Louis XIV, j'ai joint, dit-il (2), celle de *tous les manuscrits de l'hôtel de Condé.* »

Desormeaux connaissait parfaitement l'origine des manuscrits

(1) *Histoire de Turenne*, par Ramsay (t. I, p. 118, note de l'édit., in-12, La Haye, 1736).

(2) *Discours préliminaire de l'Histoire de Louis de Bourbon*; p. 15 (2ᵉ édit., 4 vol. in-12, Paris, Desaint, 1768).

d'une famille, dont il était bibliothécaire, et on doit s'en rapporter à lui, lorsqu'il déclare positivement, et à plusieurs reprises, que La Moussaye est l'auteur de la relation des campagnes de 1643 et 1644, publiée par Henri de Bessé, sieur de La Chapelle (1).

C'est là un témoignage précis et décisif, qui, joint à celui de Ramsay, ne peut laisser aucun doute sur le véritable auteur de l'ouvrage. Mais quel était ce La Moussaye? Quelle confiance mérite-t-il? Pourquoi son œuvre n'a-t-elle pas paru sous son nom? Ce sont autant de questions qui se présentent naturellement à l'esprit et que la biographie de La Moussaye pourra éclaircir.

Issu d'une ancienne et illustre famille bretonne, de la famille des Goyon de Matignon, François de Goyon, d'abord connu sous le nom de baron de Nogent, fut désigné plus tard sous le nom de baron de La Moussaye (2). Très jeune encore, il s'attacha au duc d'Enghien et lui servait d'aide de camp à la bataille de Rocroy (18 mai 1643). Ce fut lui que le duc d'Enghien chargea d'aller porter à la reine la première nouvelle de la victoire. La Moussaye rappelle cette circonstance dans son récit (3), où, du reste, il s'efface avec une rare modestie. Un autre confident de Condé, Pierre Lenet, auquel nous devons une narration très détaillée de la bataille de Rocroy, parle également de la mission confiée à La Moussaye (4). « Le jeune marquis (lisez baron) de la Moussaye, qui étoit aide-de-camp du duc en cette campagne-

(1) Note marginale du t. I, p. 65 : *Récit de la campagne de Rocroy, par M. de La Moussaye, revu et publié par M. de La Chapelle;* — p. 156, note marginale : *Récit de la campagne de 1644, en Allemagne, par M. de La Moussaye, rédigé et publié par M. de La Chapelle;* —aux p. 187, 191, 204, 214, Desormeaux se borne à citer, dans les notes marginales, la relation de la campagne de 1644 par La Moussaye; il n'est plus question de La Chapelle.

(2) C'est à tort qu'on le désigne quelquefois sous le titre de *marquis de La Moussaye*. Ce titre appartenait à son frère aîné, Amaury de Goyon.

(3) La Chapelle a omis ce fait dans sa relation imprimée.

(4) *Mémoires de P. Lenet* (édit. Michaud et Poujoulat, p. 483, 1ʳᵉ col.).

là, apporta à la reine la première nouvelle du gain de la bataille. »

La Moussaye se signala par sa bravoure au siége de Thionville, qui fut entrepris après la bataille de Rocroy (juin et août 1643). Le duc d'Enghien, toujours ardent à faire valoir les mérites et les services de ses compagnons, insistait vivement pour qu'il obtînt une des récompenses réservées aux gens de guerre, telles que le gouvernement d'une place, ou un grade élevé dans l'armée. « Vous pouvez croire, lui répondait Mazarin, le 4 septembre 1643, que connaissant le mérite de M. de la Moussaye et n'ignorant pas sa naissance, mais sachant particulièrement en quel degré d'estime et d'affection il est dans votre esprit, de si fortes considérations ne me peuvent qu'apporter un désir violent de rechercher les occasions de le favoriser. Je les rechercherai certainement avec soin et les embrasserai avec joie. »

La campagne de Fribourg-en-Brisgau, en 1644, couronnée par une suite de furieux combats, où l'impétuosité française triompha de la difficulté des lieux et des habiles manœuvres du général bavarois Mercy, ajouta encore aux titres de La Moussaye. Le duc d'Enghien, annonçant la victoire à Mazarin, faisait le plus vif éloge de la valeur de son compagnon d'armes : « Je ne vous puis dire avec quel zèle et quelle affection et quel cœur La Moussaye a servi en cette occasion ; il a eu trois chevaux tués sous lui et une mousquetade au bras. Cela mérite que vous le traitiez favorablement (1). » La récompense ne se fit pas attendre : La Moussaye fut nommé maréchal de camp. C'est lui-même qui nous l'apprend : « La Moussaye, dit-il (2), qui avoit été fait maréchal de camp depuis les combats de Fribourg, commandoit l'attaque de l'armée françoise. »

Ce fut comme maréchal de camp, qu'il prit part à la bataille de Norlinden, en 1645. Il s'y tenait auprès du duc d'Enghien,

(1) Cité par M. Victor Cousin, *Journal des Savants* (février 1853, p. 95, note).

(2) Il parle toujours de lui à la troisième personne. Ce passage a été supprimé dans la relation publiée par La Chapelle.

sans poste fixe, et prêt à se porter, avec son intrépide général, partout où il faudrait ranimer le courage des troupes et décider la victoire (1). Au siége de Dunkerque, en 1646, La Moussaye montra la même intrépidité. Abandonné par ses soldats, et n'ayant auprès de lui que quelques officiers, il repoussa vigoureusement une sortie des assiégés (2).

A Lérida, en 1647, à Lens, en 1648, on le retrouve combattant toujours près de Louis de Bourbon, qui avait échangé son nom de duc d'Enghien pour celui de prince de Condé, depuis la mort de Henri de Bourbon son père. La Moussaye fut fait prisonnier à Lens. « On demeura quelques jours, dit une relation de cette bataille, sans savoir au vrai ce qu'était devenu le marquis de La Moussaye. Plusieurs l'avoient vu blessé dans la mêlée et le visage tout en sang. On reconnoissoit son cheval tué sur la place, mais on ne le trouvoit ni parmi les morts ni parmi les prisonniers. A la fin, par les soins du prince de Condé, qui favorise ce généreux marquis d'une particulière estime pour la fermeté de son cœur et l'excellence de son esprit, on eut avis certain qu'il étoit prisonnier à Douai. »

La Moussaye, après sa délivrance, obtint enfin le rang de lieutenant-général, auquel tant de glorieux faits d'armes lui donnaient des titres incontestables. Condé aurait voulu procurer à son vaillant compagnon, comme il l'avait fait pour Chabot (3), qui était devenu duc de Rohan, une riche alliance qui lui eût assuré un solide et brillant avenir. Déjà il lui avait donné le gouvernement de la citadelle de Stenay, une des places fortes dont il avait la disposition. Il songea à faire épouser à La Moussaye la

(1) Desormaux, *Histoire de Louis de Bourbon*, t. I. p. 255.

(2) Sarrazin, *Histoire du siége de Dunkerque*, p. 43, édition de 1663. La Moussaye est cité dans plusieurs autres passages de cet ouvrage.

(3) Henri de Chabot épousa, en 1645, Marguerite de Rohan, fille unique et héritière de Henri de Rohan, malgré l'opposition de la mère de cette princesse. Le duc d'Enghien soutint vivement Henri de Chabot et assura son succès.

fille de Jean-Louis d'Erlach (1), ancien lieutenant de Bernard de Saxe-Weimar (2) et gouverneur de Brisach-en-Brisgau. Le manifeste, publié au nom du roi, à l'époque de l'arrestation des princes (janvier 1650), accuse le prince de Condé d'avoir voulu s'assurer, par ce mariage, de la forteresse de Brisach (3). Quoiqu'il en soit, les troubles de la Fronde et l'emprisonnement de Condé renversèrent tous les projets d'avenir de La Moussaye. Fidèle à Condé dans le malheur comme dans la prospérité, il s'enferma à Stenay avec la duchesse de Longueville, et n'hésita pas à se jeter dans la guerre civile, pour venger le prince que Mazarin avait fait arrêter; mais La Moussaye ne fut pas témoin de la délivrance de Condé; il mourut à Stenay l'année même de l'emprisonnement de son ami et de son protecteur (1650). On ne sait pas exactement quel était alors son âge; cependant il devait avoir au plus trente ans, comme le prince dont il avait partagé la fortune.

Pendant les sept années, où se renferme toute la vie active de La Moussaye (1643-1650), il ne fut pas seulement le compagnon d'armes intrépide et dévoué de Louis de Bourbon; il se fit son historien pour les brillantes campagnes de 1643 et 1644. Personne n'avait été mieux en état de connaître Condé, d'exposer ses plans et de raconter ses actions. L'on pourrait craindre la partialité d'un homme aussi dévoué à son héros; mais le ton de simplicité, de sincérité, de franchise militaire, qui respirent dans les rela-

---

(1) Jean-Louis d'Erlach, né en 1595, mort en 1650. On a publié, sous le titre de *Mémoire historique concernant M. le général d'Erlach,* un recueil en quatre volumes in-8. Yverdon. (1784).

(2) Bernard de Saxe-Weimar, un des lieutenants de Gustave-Adolphe, né en 1604, mort en 1639.

(3) *Lettre du Roy sur la détention des princes de Condé et Conty et duc de Longueville, envoyée au Parlement le 20 janvier 1650 :* « Il (Condé) avoit mesme redoublé depuis peu les diligences qu'il a tousjours employées pour faire réussir le mariage du marquis de La Moussaye avec la fille du sieur d'Erlac, gouverneur de Brissac, *afin d'avoir encore cette place importante à sa dévotion.*»

tions de La Moussaye, inspire une confiance que justifie, d'ailleurs, le rapprochement avec les autres documents contemporains.

On s'explique aisément, par les guerres qui ont rempli la jeunesse de la Moussaye et par sa mort prématurée, que sa relation des campagnes de 1643 et de 1644 n'ait pas été publiée de son vivant. La disgrâce du parti qu'il avait soutenu se prolongea encore pendant plusieurs années. L'exil de Condé dura jusqu'à la paix des Pyrénées, et, lorsqu'il rentra en France, il prit soin de s'effacer pour ne pas blesser un souverain qui n'aurait pas supporté aisément d'autre gloire que la sienne. Cette sorte de disgrâce de Louis de Bourbon dura jusqu'en 1668. Il reparut dans la campagne de la Franche-Comté, qui ne dura que peu de semaines. En 1672, il eut un rôle plus important. A cette époque, Louvois fut bien aise d'opposer un rival à Turenne, dont la gloire et l'indépendance blessaient l'ambitieux ministre. Condé fut chargé du commandement de l'armée qui allait envahir la Hollande. Les nouvelles générations connaissaient surtout le rôle du prince pendant la Fronde, ses luttes contre la royauté, son alliance avec l'Espagne, sa défaite à la journée des Dunes. N'était-il pas convenable, au moment où Louis de Bourbon reparaissait à la tête des armées, de rappeler les glorieux exploits qui, trente ans auparavant, avaient illustré sa jeunesse, et, suivant l'expression du cardinal de Retz, couronné de lauriers le berceau de Louis XIV? Tel fut probablement le motif qui décida à tirer des archives de la maison de Condé les relations de La Moussaye et à les faire publier, mais le véritable auteur ne fut pas cité. La Moussaye était mort sous le coup de la sentence qui proscrivait les partisans de Condé. Il n'avait pu profiter de l'amnistie qui avait rouvert à Louis de Bourbon l'entrée de la France et lui avait rendu les domaines de la maison de Condé. Ce fut un personnage peu connu, Henri de Bessé, sieur de la Chapelle-Milon, qui fut chargé de revoir, corriger et publier l'œuvre de la Moussaye.

Ainsi, le récit des campagnes de 1643 et 1644 parut en 1673, sous le nom de l'éditeur, sans aucune mention du véritable auteur. Bien plus, le sieur de la Chapelle a eu soin de supprimer le nom de la Moussaye toutes les fois qu'il se rencontrait dans le récit. Quant aux changements qu'il a faits à l'œuvre originale, on peut les résumer en quelques mots : il y a ajouté une préface, des réflexions politiques et quelques détails historiques ; il a retranché des passages qui lui paraissaient trop longs ou blessants pour des familles puissantes ; enfin, il a corrigé presque partout les phrases qu'il trouvait lourdes et traînantes ; il les a coupées, afin de les accommoder au goût du temps et de leur donner des allures qui étaient, à son gré, plus vives et plus françaises. Jusqu'à la fin du XVIIe siècle, les relations de La Moussaye, ainsi remaniées, passèrent pour l'œuvre de Henri de Bessé, sieur de la Chapelle. Heureusement, au XVIIIe siècle, Ramsay et Desormeaux, en racontant les campagnes de 1643 et 1644, citèrent le nom du véritable auteur des relations. Guidé par eux, M. V. Cousin a très bien vu que la publication de la Chapelle n'était qu'une édition plus ou moins altérée du récit de La Moussaye. « Les libraires, dit-il (1), qui publièrent la *Relation des campagnes de Rocroy et de Fribourg*, disent seulement que ce *Manuscrit est heureusement tombé entre leurs mains.* Nous ne voyons pas pourquoi on a voulu l'attribuer à un certain Henri de Bessé, sieur de la Chapelle-Milon, qui aurait été employé à l'administration des bâtiments royaux. Tout ce qu'on peut croire, c'est que Bessé, homme de lettres, aura corrigé le style de cette relation ; mais elle est évidemment de la main d'un militaire et d'un confident de Condé. En se nommant à peine dans la bataille de Rocroy et dans les trois combats de Fribourg, où il s'était tant distingué, La Moussaye s'est lui-même désigné. »

Outre cette preuve morale, il y a, comme nous l'avons vu plus

(1) *Jeunesse de Mme de Longueville*, 3e édition, p. 520.

haut, des textes positifs qui ne laissent aucun doute sur le véritable auteur du récit de ces campagnes. Ce qu'il importe surtout, maintenant, d'examiner, c'est la nature des modifications faites à l'œuvre originale par l'éditeur. Je crois pouvoir affirmer que la vérité historique et le style en ont également souffert.

II.

Je commence par les additions que le sieur de La Chapelle a faites à la relation de La Moussaye. Ce dernier entre simplement en matière. Voici son début : « Dans la fin du règne de « Louis XIII, les Espagnols avoient tout-à-fait repris le dessus « des affaires en Flandre. »

Au lieu de ces paroles si simples, La Chapelle a cru devoir placer, en tête de son récit, la petite préface suivante : « J'ai dessein d'écrire ce qui s'est passé dans les campagnes de Rocroy « et de Fribourg entre l'armée de France et celle d'Espagne et « de Bavière. Peut-être que mon travail ne sera pas inutile ni « désagréable au public. Du moins n'ai-je rien oublié pour dire « toujours la vérité. Je n'écris point par envie de m'ériger en « auteur, et je ne prétends ni flatter ni offenser personne. Enfin, « je ne me propose d'autre but dans mon ouvrage que sa durée ; « trop heureux s'il plaît aux honnêtes gens dans un siècle aussi « délicat que celui-ci, et s'il peut apprendre aux siècles suivants « les deux plus fameux événements de la dernière guerre des « deux couronnes. »

L'excuse banale de ne pas vouloir s'ériger en auteur contraste avec cette phrase : *Je ne me propose d'autre but dans mon ouvrage que sa durée*, qui semble promettre l'immortalité à l'œuvre historique de La Chapelle. Vient ensuite un tableau de la situation de la France après la mort du cardinal de Richelieu. La Chapelle reproduit à peu près les faits racontés par La Moussaye,

et les réflexions qui les accompagnent. Mais il remanie complète-
ment le style. Afin de mettre le lecteur en état d'apprécier par
lui-même les deux récits, je placerai en regard le texte de La
Moussaye et celui de La Chapelle. On reconnaîtra, si je ne me
trompe, dans le premier, avec quelques négligences et les formes
un peu traînantes usitées dans la première moitié du XVIIe siècle,
un accent plus vrai, plus ferme, et qui révèle l'homme d'action
plutôt que l'écrivain de profession.

TEXTE DE LA MOUSSAYE.	TEXTE DE LA CHAPELLE.
« Dans la fin du règne de Louis XIII, les Espagnols avoient tout-à-fait repris le dessus des affaires en Flandre, et D. Francisco de Melos, ayant, dans la dernière campagne, repris Aire et La Bassée et gagné la bataille d'Honnecourt, élevoit ses espérances beaucoup plus haut qu'à regagner ce que l'Espagne avoit perdu les années précédentes et s'imaginoit que la mort du roi, qu'une longue et extrême maladie faisoit juger indubitable, causeroit inévitablement du trouble et de la sédition dans l'État, et lui ouvriroit l'occasion d'envahir une partie de la France.	« Vers la fin du règne de Louis XIII, l'armée espagnole était maîtresse de la campagne. D. Francisco de Melos, gouverneur des Pays-Bas, avoit repris Aire et La Bassée, et gagné la bataille d'Honnecourt. Il formoit des desseins fort vastes, et son ambition ne se bornoit pas seulement à reprendre les places que l'Espagne avoit perdues, il prévoyoit que la mort du roi apporteroit du mal dans la France. Les médecins avoient jugé son mal incurable. Déjà chacun songeoit aux avantages qu'il pourroit tirer de la minorité prochaine.
« Dans cette pensée, il quitta l'entreprise d'assiéger Arras, qu'il avoit méditée tout l'hiver, et se résolut d'attaquer Rocroy pour lui servir d'entrée dans la campagne et de place d'armes	« Les François mêmes, qui ont accoutumé de perdre par leurs dissensions tous les avantages qu'ils ont remportés dans les guerres étrangères, alloient fournir à Melos une occasion favorable pour faire de plus grandes conquêtes.(1)

(1) Ces réflexions politiques, qui appartiennent exclusivement au sieur de La
Chapelle, tombent à faux. Les Français remportèrent la victoire de Rocroy, le
18 mai 1643, avant que la cabale des Importants troublât la Cour. Mais nous
verrons plus loin que La Chapelle, pour justifier ses assertions, a interverti les
faits et retracé les intrigues des Importants, avant de raconter la bataille de Rocroy. La Moussaye se borne à indiquer, dans la suite de son récit, les causes de
division qui existaient à la Cour et qui éclatèrent plus tard.

pour appuyer les hautes entreprises qu'il avoit conçues. Il sembloit qu'il avoit si bien pris ses mesures que rien ne se pouvoit opposer à ses desseins.

« Tout étoit porté au trouble dans la Cour de France, et, dans un si grand changement comme celui de la mort du Roi, on ne pouvoit pas croire qu'il y eut assez d'union dans le gouvernement, pour pouvoir résister à une attaque si puissante. Les diverses prétentions que l'on avoit pour la régence, la mauvaise satisfaction des peuples, qui avoient gémi sous le gouvernement sévère du cardinal de Richelieu, le retour de mille personnes factieuses, que la vigueur de ses conseils et l'autorité d'un roi majeur avoient ou éloignées de la Cour ou retenues dans le devoir, et, par dessus toutes ces choses, une inclination générale de tous les esprits au remuement et au trouble, faisoient prévoir autant de malheurs à la France que d'avancement à ses ennemis, et on ne pouvoit pas concevoir que l'Etat se pût sauver des progrès d'une puissance parmi tant de semences de dissensions intestines. »

« Dans cette pensée, il change le projet du siége d'Arras, dont les préparatifs l'avoient occupé tout l'hiver et il se résout d'attaquer Rocroy, voulant se servir de ce poste, qui donne une entrée dans la Champagne pour en faire une place d'armes propre à toutes ses entreprises. La mort de Louis XIII arriva peu de temps après et divisa toute la Cour ainsi que Melos l'avoit prévu. Les cabales qui se formoient de tous côtés pour la Régence menaçoient la France d'une révolution générale. Tous les Etats du royaume ne vouloient plus retomber sous un ministère pareil à celui du cardinal de Richelieu. Les grands seigneurs ont peine à fléchir devant un ministre qui occupe une place, dont chacun d'eux se juge plus digne que lui. Les magistrats ne veulent dépendre que du Roi dans la fonction de leurs charges et ne se peuvent résoudre à recevoir la loi d'un particulier. Les peuples ne manquent jamais d'imputer aux conseils du ministère toutes les impositions dont ils sont surchargés, et généralement tous les hommes sont portés à envier la fortune et haïr la personne des favoris. »

La comparaison des deux textes suffit pour faire ressortir la différence des deux manières. La Moussaye parle brièvement et simplement des divisions qui s'annonçaient. La Chapelle les développe et les analyse à la manière d'un rhéteur : il montre les grands, les parlements, les peuples protestant, chacun par des vues particulières, contre le nouveau ministère institué par Louis XIII mourant. Mais dans ce passage, du moins, ce n'est qu'une simple amplification plus ou moins heureuse. Ailleurs, les additions de **La Chapelle** forment de véritables anachro-

nismes. Il croit devoir retracer les intrigues et les cabales des
Importants, dont La Moussaye ne dit pas un mot, et avec raison,
car elles sont postérieures de plusieurs mois à la bataille de Rocroy. Ici, comme en commençant sa relation, La Moussaye
marche droit au but. Après avoir rappelé les dernières disposi-
tions prises par Louis XIII, il se borne à ajouter : « Ces précau-
tions auroient vraisemblablement été inutiles, si les événements
miraculeux qui suivent n'avoient, en établissant l'autorité
royale, établi le repos public. » Cette transition l'amène naturellement au récit de la bataille de Rocroy.

Au lieu de suivre cet ordre simple et régulier, La Chapelle se
perd dans une longue digression qui le conduit jusqu'à l'arrestation du duc de Beaufort (septembre 1643). Il semble, dans son
récit, que cet événement a précédé la bataille de Rocroy, gagnée
dès le mois de mai. Je citerai ce passage, qui suffit pour montrer
les inconvénients d'une amplification maladroite : « Il sembla
d'abord, dit La Chapelle, que la reine voulut appeler l'évêque de
Beauvais au ministère ; elle eut même quelque pensée de lui
faire donner le chapeau de cardinal à la première promotion ;
mais ce prélat, au lieu de se ménager dans ce commencement
de faveur, entreprit de ruiner tous ceux que le cardinal de Richelieu avoit élevés et s'attira, par ce moyen, un grand nombre
d'ennemis. Pendant qu'il s'attache, à contre-temps, à renverser
ce que le ministère avoit fait, le cardinal Mazarin profite de tout
et fait ses liaisons avec les personnes qui ont le plus de crédit
auprès de la reine. Ceux que l'évêque veut perdre ont recours à
la protection du cardinal. La reine craint qu'on ne lui fasse trop
d'affaires et se dégoûte de l'évêque. Elle trouve enfin le cardinal plus propre à remplir la place de premier ministre. Ceux en
qui elle se fie la portent à ce choix, et la font résoudre à envoyer
l'évêque dans son diocèse et à déclarer ouvertement son inten-
tion pour le cardinal. D'abord, elle y rencontre de grands obsta-
cles : Le nom seul de cardinal épouvante les esprits, rappelle la

mémoire de maux passés et en fait craindre de pires à l'avenir. La division se met parmi les créatures de la reine ; chacun prend parti, et les affaires se brouillent plus qu'auparavant. Néanmoins, l'adresse et la bonne fortune du cardinal, les services qu'il avoit rendus à la France, la fermeté de la reine et le respect que tout le monde avoit pour elle, apaisèrent les mécontents. L'entreprise formée contre ce ministre par la duchesse de Chevreuse et le duc de Beaufort, ne servit qu'à mieux affermir son autorité.

« Ainsi, Melos fut trompé dans ses pronostics, comme le sont tous les étrangers qui fondent de grandes espérances sur la division des François, parce qu'encore que leur légèreté naturelle les porte quelquefois à la révolte, le fond de respect et d'obéissance qu'ils ont pour leur roi les ramène toujours dans l'obéissance. En effet, les grands, le parlement et le peuple, se rendirent au choix de la reine, et tout fléchit, en même temps, sous le ministère du cardinal Mazarin, bien qu'il fût étranger et que ses ennemis publiassent qu'il étoit sujet originaire du roi d'Espagne, d'une nation peu amie des François, et enfin qu'on l'eût vu peu auparavant dans une fortune très éloignée d'une si grande élévation. Le duc de Beaufort se conduisit imprudemment dans l'entreprise qu'il avoit formée contre le cardinal. La duchesse de Chevreuse, se croyant plus habile et mieux auprès de la reine que ce ministre, méprisa ses soumissions. Dans le temps que Beaufort et elle délibérèrent sur les moyens de le perdre, le duc est arrêté, la duchesse est disgraciée, le reste de la cabale se dissipe, et la France devient plus tranquille que jamais.

« Pendant que la cour étoit occupée à toutes ces intrigues, le duc d'Enghien se préparoit pour la campagne prochaine (c'est-à-dire pour la campagne de Rocroy). »

Cette longue digression, dont on ne trouve pas trace, je le répète, dans l'œuvre originale de La Moussaye, n'est pas seulement un hors-d'œuvre. On peut y relever des erreurs, qu'un té-

moin de ces événements n'aurait pas commises. L'évêque de
Beauvais, Augustin Potier, ne fut renvoyé dans son diocèse
qu'après l'arrestation de Beaufort, en septembre 1643 (1),
tandis que, dans le récit vague et confus de La Chapelle,
il semble avoir été la première victime de la prépondérance
de Mazarin. Mme de Chevreuse, qui, d'après ce même auteur,
aurait excité par ses intrigues les espérances de D. Francisco
de Melos, ne revint à la cour qu'après la bataille de Rocroy
et lorsque les espérances de l'Espagne avaient été détruites par
cette victoire. A plus forte raison, le second exil de la duchesse
et l'arrestation de Beaufort sont bien postérieurs au triomphe du
duc d'Enghien, tandis que, dans tout ce passage, les cabales des
Importants sont présentées comme les principales causes de la
confiance de Melos. En un mot, cette digression, qu'on ne peut
imputer qu'à la Chapelle, n'est pas seulement inutile ; elle est
remplie d'erreurs.

III.

Ailleurs, La Chapelle tombe dans un autre défaut : il abrége
le récit de La Moussaye, et, par des suppressions maladroites,
il le défigure. Prenons d'abord, pour exemple, la marche hardie
et habile de Gassion (2), qui réussit à jeter des secours dans la
ville de Rocroy, assiégée par les Espagnols. « Gassion, dit La
Moussaye, étoit un officier rempli d'autant de capacité que de
courage. » La Chapelle efface cet éloge donné par La Moussaye à son compagnon d'armes ; il se borne à dire : « Gassion
avoit marché si diligemment qu'étant arrivé à l'entrée des bois

(1) Mazarin le redoutait encore au mois d'août 1643, comme on le voit par une
lettre confidentielle qu'il adressait au cardinal Bichi, le 24 de ce mois. Il accusait
l'évêque de Beauvais d'ambition et d'intrigue et annonçait à Bichi que l'ambas-
sadeur de France, à Rome, avait ordre de retarder la promotion de ce prélat au
cardinalat.

(2) Jean de Gassion, né à Pau en 1609, devint maréchal de France en 1643 et
mourut en 1647.

de Rocroy, fort peu de temps après que les Espagnols s'étoient postés devant la place, il y avoit jeté cent cinquante hommes, et remarqué, par la situation des lieux, que tout le succès de l'entreprise consistoit à passer le défilé et à mettre en présence des ennemis de l'armée en bataille entre le bois et la ville. »

Le récit de La Moussaye est plus développé et plus intéressant ; il abonde en renseignements précis, comme peut en donner un témoin oculaire : « Gassion, dit-il, avoit marché si diligemment avec la partie de l'armée qu'il commandoit, qu'il étoit arrivé à l'entrée du bois de Rocroy, fort peu de temps après que les ennemis s'étoient postés devant la place, et comme c'étoit un officier rempli d'autant de capacité que de courage, il se résolut, malgré les empêchements qu'il y avoit, d'y faire entrer quelques troupes pour donner temps aux assiégés que le duc d'Enghein fût arrivé avec toute l'armée pour les secourir. Il commanda donc les fusiliers du roi et ses gardes, qui faisoient environ cent cinquante chevaux, pour s'en aller par le derrière du bois, se jeter dans la ville, leur ordonnant de prendre le temps qu'il donneroit une forte alarme dans le camp des ennemis avec tout le corps qu'il commandoit.

« Dans cette position, il passa le défilé, à l'entrée de la nuit, et, à une heure du matin, tomba sur la grande garde des ennemis, la renversa jusque dans leur camp et y jeta l'alarme de tous côtés. Dans le même temps, les fusiliers marchèrent avec promptitude, poussèrent un petit corps de garde qu'ils trouvèrent en leur chemin et entrèrent dans Rocroy sans aucune perte. Gassion, ayant reconnu par un signal qu'il leur avoit ordonné, qu'ils étoient assurément entrés, et voyant que toute la cavalerie du camp se mettoit sous les armes, pensa à une retraite qui sembloit assez difficile. Mais la diligence avec laquelle il l'exécuta, la rendit sans aucun péril, et le jour, qui commençoit à paroître, lui donna le moyen de connoître la situation des lieux, qu'il remarqua avec soin, jugeant bien que, du passage de ce défilé, dépendoit le succès de toute l'affaire. »

Le duc d'Enghien, profitant des renseignements recueillis par Gassion, franchit à son tour le défilé, déboucha dans la plaine de Rocroy et s'avança assez près du camp ennemi pour rendre la bataille inévitable. Il n'avait avec lui que peu de troupes, et La Moussaye ne cache pas sa témérité :

« Il est vrai, dit-il, que si, dans cet état, les ennemis l'eussent chargé avec toute la cavalerie, il n'eut pas pu être soutenu par le reste de son armée, et il n'y avoit personne *avec lui*, qui ne vît le péril où il s'étoit jeté. »

Ces mots *avec lui* prouvent assez que l'auteur était du nombre de ceux qui accompagnaient le prince et qu'il connaissait les sentiments de tous ces braves exposés par l'héroïque témérité du duc d'Enghien. La Chapelle se borne à dire : « Si Melos eût chargé d'abord le duc d'Enghien, il l'eût défait infailliblement. » L'émotion du témoin oculaire, qui a sa part du danger, a complétement disparu.

D'autres altérations proviennent très probablement du désir qu'avait La Chapelle de ménager des familles puissantes. Ainsi une grave accusation, portée par La Moussaye contre La Ferté-Senneterre (1), dont l'imprudence avait compromis l'armée française, a été atténuée et presque effacée par La Chapelle. Si on se rappelle que La Ferté-Senneterre avait laissé un fils, qui fut maréchal de France et qui vivait encore en 1673 (2), au moment où furent publiées les relations des campagnes de Fribourg et de Rocroy, on comprend que La Chapelle ait craint de blesser un maréchal de France, un duc et pair, dont La Moussaye avait flétri la conduite en termes énergiques. Voici le récit original, où la Ferté-Senneterre n'est pas ménagé :

« La Ferté-Senneterre étoit demeuré seul commandant à l'aile gauche, lequel *ayant une jalousie démesurée contre Gassion* et

---

(1) Henri de La Ferté-Senneterre ou Saint-Nectaire, né en 1600, mourut le 4 janvier 1662.

(2) Il ne mourut qu'en 1681.

ne pouvant supporter la gloire qu'il avoit acquise dans le secours qu'il avoit jeté dans la place et dans le passage qu'il avoit fait du défilé, et voulant, *à quelque prix que ce fût*, faire quelque chose qui lui donnât un honneur qui ne fût partagé de personne, crut qu'il pouvoit, en faisant traverser le marais à l'aile qu'il commandoit, s'en aller, par derrière de l'armée des ennemis, jeter des secours dans la place, jugeant bien que toute l'armée d'Espagne étant devant celle de France, il pourroit le faire avec facilité, et comme c'est un homme qui, par le *déréglement de son esprit, est plus gouverné par la passion que par le devoir et par la raison*, il ne délibéra point sur les conséquences de cette marche, et avec une imprudence et une audace sans pareille, il fit passer le marais en diligence à toute l'aile gauche de cavalerie et à cinq bataillons de gens de pied, sans en avertir le duc d'Enghien. Ainsi toute cette aile demeuroit dénuée de cavalerie et affoiblie d'un grand corps d'infanterie.

« Dans ce temps-là, le duc d'Enghien avoit envoyé les ordres précis à toute l'armée de marcher au combat. Mais quand on lui vint dire ce que La Ferté avoit fait, il fit faire halte à ses troupes, qui étoient déjà ébranlées pour aller aux ennemis, et courut avec promptitude où un si grand désordre l'appeloit.

« Cependant on vit toute l'armée ennemie marcher en pleine bataille droit à nous (1), et les trompettes et les tambours sonnant la charge, avec toutes les apparences imaginables qu'ils se vouloient prévaloir du désordre où la marche de La Ferté nous avoit jetés. Il n'y avoit personne qui ne connût bien qu'il étoit impossible de leur résister, et encore que le duc d'Enghien eût tâché de remplir, avec quelques troupes de sa seconde ligne, la place que celles de La Ferté occupoient, si don Francisco de Melos eût fait son attaque dans ce temps là, il est indubitable qu'il eût facilement renversé des troupes, qui lui cédoient beau-

---

(1) Cette locution, *droit à nous*, indique assez que l'auteur était présent. Elle a disparu dans le récit publié par La Chapelle, comme on le verra plus loin.

coup en nombre et qu'il eût chargées dans le désordre et dans
la confusion. Mais comme il y a des moments précieux dans la
guerre, dont la fortune est la maîtresse et dont dépend l'événement des plus grands desseins, notre désordre ne leur parut
point, et les espaces que l'on avoit laissés vides, furent rempla-
cés (ou remplis) par le duc d'Enghien avec tant de diligence, que
pas un des chefs des ennemis ne s'en aperçût et que l'on a su
que le mouvement qu'ils avoient fait, n'étoit que pour gagner du
terrain et donner lieu à leur seconde ligne de se ranger en bataille. Ainsi quand ils furent à quatre cents pas de nous, ils s'arrêtèrent, et l'on vit bien, par leur contenance, que leur dessein
n'étoit pas de commencer l'attaque. »

Le récit, corrigé par La Chapelle, atténue la faute commise
par La Ferté-Senneterre, et paraît même la rejeter sur le maréchal de l'Hôpital (1), qui était mort depuis treize ans à l'époque
où l'ouvrage fut publié.

« La Ferté, dit La Chapelle, peut-être par quelque ordre se-
cret du maréchal, peut-être aussi pour se signaler à l'envi de
Gassion par quelque exploit extraordinaire, voulut essayer de
jeter un secours dans la place et fit passer le marais à toute sa
cavalerie et à cinq bataillons de gens de pied. Par ce détache-
ment, l'aile gauche demeura dénuée de cavalerie et affaiblie d'un
grand corps d'infanterie. Aussitôt qu'on en eût donné avis au
duc d'Enghien, il fit faire halte et courut promptement où un si
grand désordre l'appeloit. L'armée espagnole marcha en même
temps (2), ses trompettes sonnant la charge, comme si Melos
eut voulu se prévaloir de ce mouvement. Mais le prince ayant
rempli le vide de la première ligne avec quelques troupes de la
seconde, les Espagnols s'arrêtèrent et firent voir qu'ils n'avoient

(1) François du Hallier, maréchal de l'Hôpital, était né en 1583 ; il mourut en
1660. Il commandait une des ailes de l'armée à la bataille de Rocroy.

(2) Le *droit à nous* a disparu. Ce n'est plus le témoin qui parle : c'est un nar-
rateur plus ou moins éloigné de la scène.

eu d'autre dessein que de gagner du terrain pour ranger leur seconde ligne.

« Il y a des moments précieux dans la guerre qui passent comme des éclairs. Si le général n'a pas l'œil assez fin pour les remarquer et assez de présence d'esprit pour saisir l'occasion, la fortune ne les renvoie plus et se tourne bien souvent contre ceux qui les ont manqués. »

La réflexion que La Moussaye avait jetée en passant, et qui n'était qu'une phrase incidente, est délayée par La Chapelle comme un lieu commun de rhétorique. En même temps les expressions qui caractérisent le témoin oculaire et qui sont fréquentes dans la relation de La Moussaye, ont disparu dans le récit de La Chapelle. Dans bien d'autres passages de La Moussaye, nous retrouvons les locutions qui indiquent sa présence sur le champ de bataille. En voici quelques-unes : « Si les ennemis se résolvoient à *nous* laisser passer sans combat..... Un accident imprévu causé par l'envie et l'imprudence d'un de *nos* chefs..... Un feu si prodigieux que *nos* troupes ne purent le supporter. » La Chapelle n'a conservé aucune de ces locutions.

Enfin, sans vouloir faire de La Moussaye un écrivain, on ne peut méconnaître, dans son style, une certaine vigueur militaire. Bossuet semble même lui avoir emprunté quelques traits dans son Oraison funèbre de Louis de Bourbon. Ainsi La Moussaye, parlant des armées rangées en bataille dans la plaine de Rocroy, dit « qu'elles se trouvoient enfermées dans une enceinte de bois, comme dans un champ clos. » L'expression a été saisie par Bossuet, qui l'a perfectionnée : « Les deux généraux et les deux armées semblent avoir voulu se renfermer dans des bois et dans des marais, pour décider leur querelle, comme deux braves, en champ clos. » La Moussaye parle du calme et du sommeil de Louis de Bourbon à la veille d'une bataille décisive (1).

(1) C'est encore un des passages supprimés par La Chapelle.

« Après que le duc d'Enghien eût visité les corps de garde et donné ordre qu'on l'éveillât un peu avant le jour, il passa la nuit à la tête de son infanterie et attendit avec patience le commencement d'une journée si considérable pour lui et pour l'Etat. » Bossuet a relevé ces détails par l'ampleur de son style et par le souvenir d'Alexandre : « Dès sa première bataille, il est tranquille, tant il se trouve dans son élément naturel, et on sait que le lendemain il fallut réveiller d'un profond sommeil cet autre Alexandre. » Enfin, lorsque le prince voulut arrêter les vainqueurs exaspérés et faire cesser le carnage, La Moussaye le montre se précipitant entre les deux armées : « Le duc d'Enghien, dit-il (1), touché de compassion de voir de si braves gens exposés à la fureur de ses troupes irritées, se jeta au milieu des uns et des autres et se mit à crier à haute voix qu'il vouloit qu'on fît quartier. » C'est le même mouvement dans Bossuet, mais il est animé par la vive et puissante imagination de l'orateur : « Le sang enivre le soldat, jusqu'à ce que le grand prince, qui ne put voir égorger ces lions comme de timides brebis, calma les courages émus, et joignit au plaisir de vaincre celui de pardonner. »

En résumé, deux faits me paraissent bien établis : 1° la relation des batailles de Rocroy et de Fribourg, publiée en 1673, par La Chapelle, n'est que la reproduction, plus ou moins altérée, du récit de La Moussaye, écrit sous l'impression même des événements ; 2° le manuscrit de la Bibliothèque publique de Rouen, dont j'ai comparé le texte avec la relation imprimée, est évidemment l'original : il est rempli de détails précis et circonstanciés qui dénotent un témoin oculaire, et le style, chargé de phrases incidentes, est d'une facture plus ancienne que celui de La Chapelle. Enfin nous avons reconnu que la rédaction primitive, dans sa simplicité militaire, est très supérieure au récit arrangé et publié en 1673.

(1) Ce passage a également disparu dans la relation de La Chapelle.

Et cependant, la relation des campagnes de Rocroy et de Fribourg, même défigurée par les remaniements de La Chapelle, a été favorablement appréciée par des juges éminents. Charles Nodier n'hésitait pas à la qualifier de chef-d'œuvre (1). M. V. Cousin en faisait grand cas : il reconnaissait, sous des retouches maladroites, l'œuvre d'un maître. Je crois donc avoir fait une œuvre utile à l'histoire et même à la littérature française, en appelant l'attention sur le texte original des Mémoires militaires de La Moussaye. J'espère que quelqu'une des Sociétés, qui recherchent et publient les principaux documents de notre histoire, voudra bien donner une édition complète et authentique d'un ouvrage dont, malgré de nombreuses et profondes altérations, l'intérêt et le mérite ont été généralement reconnus.

(1) *Voy.* la préface que M. Antoine de la Tour a placée en tête de cette relation, dans le recueil des *Petits Chefs-d'Œuvre historiques.*

Rouen imp. E Cagniard

www.ingramcontent.com/pod-product-compliance
Lightning Source LLC
Chambersburg PA
CBHW070747280326
41934CB00011B/2831